[英] 泰瑞·德里 著

可怕的

另类历史

李 哲 译

恶棍的花招

Kathy's book

Kathy zhang

接力出版社
Jieli Publishing House

桂图登字：20-2008-195

图书在版编目（CIP）数据

恶棍的花招/（英）德里著；李哲译. —南宁：接力出版社，2010.1
（可怕的科学. 另类历史）
书名原文：Villains
ISBN 978-7-5448-1057-9

Ⅰ. ①恶… Ⅱ. ①德…②李… Ⅲ. ①历史人物－生平事迹－世界－少年读物 Ⅳ. ①K811-49

中国版本图书馆CIP数据核字（2009）第211580号

责任编辑：李建霞
美术编辑：朱 琳　　责任校对：刘会乔
责任监印：刘 元　　媒介主理：马 婕

社长：黄 俭　　总编辑：白 冰
出版发行：接力出版社
社址：广西南宁市园湖南路9号　　邮编：530022
电话：010-65546561（**发行部**）　　**传真**：010-65545210（**发行部**）
网址：http://www.jielibj.com　　E-mail:jieli@jielibook.com

经销：新华书店

印制：北京瑞禾彩色印刷有限公司
开本：889毫米×1194毫米　1/32
印张：3　　字数：100千字
版次：2010年1月第1版　　印次：2013年5月第5次印刷
印数：38 001—43 000册
定价：15.80元

目　录

序 言

你真不应该读这本书。如果你正在读它，千万要防着爱发火的大人和假正经的老师，别让他们逮住你。因为这本书里写的都是历史上最坏的那拨人——恶棍。

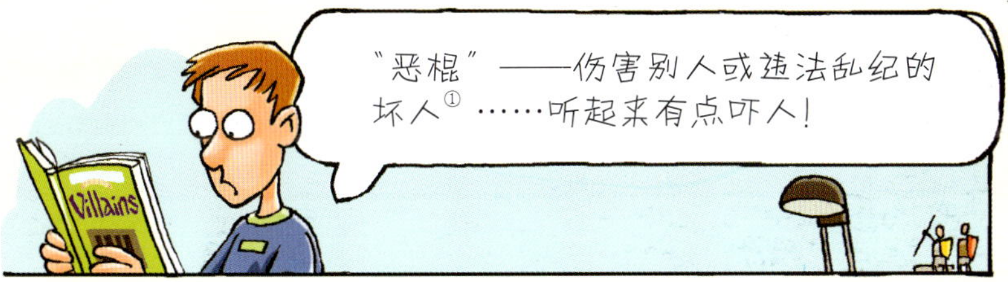

但更糟糕的是，这还是一本“指南”……

那么，如果说这是一本“恶棍指南”，你就能从中获得一些“建议”，学会如何成为一名恶棍！你就会知道，那群不开窍的大人为什么不想让你看它啦！还没读到第96页，可爱善良的你可能已经变成了恐怖的狂人。

你为什么想当恶棍？可能因为恶棍们更会找乐子……他们爱揍人，欺负弱小；打家劫舍，乱砍乱剁；偷了东西还捅刀子，动不动就恐吓折磨别人。

---

① 提醒你一下，用来形容恶棍的其他词都不像“坏人”这么温和。要是你是个恶棍，一本称为“宝典”的词汇手册会告诉你说，你还可以被叫做卑鄙小人、讨厌鬼、捣蛋鬼、流氓、浑蛋、败类，或者最合适不过的——无耻之徒！

当然，历史上大多数恶棍都没能落得好下场。所以只能郑重警告你，假如你不按照本指南说的去做，你这个可怕的恶棍最终可能会死得很难看。

拿阿道夫·希特勒做例子吧，这个恶棍中的恶棍最后竟然落得个双重死亡的下场——他先喝下毒药，又开枪自杀。（我想不通，他为什么不先吞枪子再吞毒药？）

历史上甚至还有像拉斯普廷（Rasputin，俄国妖僧——译注）那样的恶棍，居然来了个四重死亡！这可是高难度的死法哦！

下面要讲的，是可怕的人们构成的可怕历史。读它的时候不要被人发现哦，别说我没警告过你！

我说的是"警告"（warn），不是"加温"（warm），傻瓜！

邪门恶棍小贴士之一：

人之初　性要恶

许多恶棍一生下来就凶相毕露。如果你想当一位顶级恐怖大亨，那么你最好是个天生恶人，还要边长大边作恶，干坏事要趁早。

一、埃拉伽巴路斯，罗马元首（203—222）

母亲把这个要命的小孩送去太阳神庙当祭司，这意味着他在庙里宰过几百头牛羊去当祭品，还在血淋淋的尸体上浇满了浓酒。

味道好极了。

所以，他长大后有那么点“古怪”。过了一阵子，这个不高兴的家伙真的开始相信自己就是太阳神，把名字都改成了“埃拉伽巴路斯”。你不会相信他的所作所为吧？什么，你相信？

龌龊的一生

埃拉伽巴路斯肮脏的一生劣迹斑斑，你能给下面这些做个配对吗？

1. 他用 小孩 当过祭品
2. 他研究过 死亡小孩的门
3. 他把野猫放进 朋友的卧室
4. 他玩游戏时给的奖品有 蝎子
5. 他把 死狗 奖励给舞者
6. 他用 饥饿的老鼠 惩罚过一个奴隶
7. 他用 玫瑰 把客人闷死
8. 他拿 毒虫它 吓唬人群
9. 他强迫朋友们和狮子搏斗，并吃下 活云力物
10. 他把敌人绑在墙上，好拿 火木昆 刺他们

A. 玫瑰花瓣

B. 蝎子

C. 死狗

D. 死亡儿童的内脏

E. 朋友的卧室

F. 活鹦鹉

G. 毒蛇

H. 小孩

I. 炽热的拨火棍

J. 饥饿的老鼠

答案：

1. H 他开始在神庙里拿小孩当祭品，但他只杀死那些父母仍在世的孩子，这样可以造成双倍的痛苦。

2. D 他把当祭品的小孩的内脏陈列在金碗里，仔细观察它们以预测未来。

3. E 当客人们熟睡的时候，他把熊和野猫悄悄放进他们的卧室里。

4. B 他玩的那些游戏，奖品有金子或莴苣叶，还有钻石或蝎子。

5. C 他把死狗挂在舞女的脖子上，当做对她们的奖赏。

6. J 他命令一个奴隶收集500公斤蜘蛛网，奴隶没有办到，结果就被活活喂了老鼠。

7. A 他饭厅的天花板上有个机关，一打开就会有大量的玫瑰花瓣和紫罗兰花瓣奔涌而下，但这些花瓣却会让客人们窒息而死。

8. G 他召集众人观看一场表演，随后就到处放毒蛇，导致惊慌失措的人们要么被咬到，要么被踩伤。

9. F 这位年纪轻轻的“神”邀请朋友来共进晚餐，让他们和狮子搏斗，还要活吃鹦鹉。

10. I 他把敌人捆在墙上，这样他就可以拿滚烫的拨火棍猛戳他们。皮肤被一条条从身上扯掉，然后放到盐水里浸泡。

二、帖木儿大帝，蒙古战神（1336—1405）

从降生的那一刻起，帖木儿就注定要成为残酷的统治者。他的家人是如何知道这个的呢？

因为帖木儿出生的时候满手是血——这是个致命的征兆，摇篮里的血光！

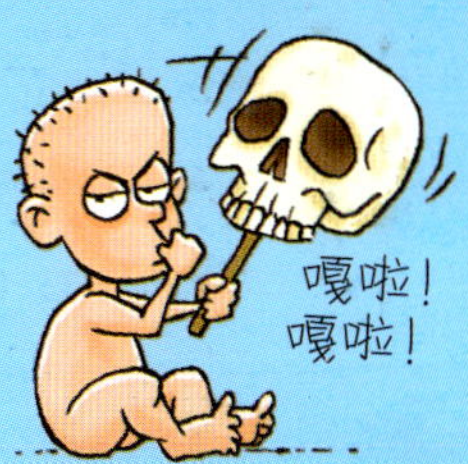

果然，他在有生之年双手都沾满了鲜血。他最得意的建筑，是一座用人头骨垒成的塔。要是你的脑袋待在高处不会发晕的话，尽管上来吧！砰！砰！

三、伊凡雷帝，俄国统治者（1530—1584）

伊凡还小的时候，就已经十分暴戾。他的爱好是折磨动物，喜欢把小狗从克里姆林宫顶上扔下去。如果他抓住一只小鸟，他会拔下它的每一根羽毛，挖出两只眼睛，最后还把它开膛破肚。如果是一只蜘蛛，他就扯下它所有的腿，欣赏它无助地打转。

伊凡的敌人鲍里斯·特鲁帕王子被钉在木桩上，他的母亲被强行带到现场观看。王子从始至终一直对着母亲说话，整整15个小时后才断气。

伊凡随身带着根木棒，上面装着金属长钉，谁惹恼了他就猛打过去。一天，他操起木棒打死了自己的亲生儿子。

四、奥地利的尤利乌斯·恺撒（1585—1609）

尤利乌斯很小就开始拿刀捅仆人。一名仆人惨遭毒手，父亲把他锁了一阵子——好仆人难找啊。尤利乌斯一放出来，很多仆人都吓得落荒而逃。

尤利乌斯并没有变乖，而是拿他的女朋友开刀，还把她扔到窗外，她摔进了城堡的池塘里。

可怜的女孩走了回来，尤利乌斯却大怒。他……

- 用刀捅她。
- 割下她的耳朵。
- 挖出她的一只眼睛。
- 把她的牙齿砸个稀巴烂。
- 劈开她的脑袋。
- 把她的肉切下来扔得满屋都是。

她一命呜呼。过了3个小时，他才从狂怒中缓过神来，于是命令手下把她裹在麻布袋子里拖走。他还亲自给她的棺材盖钉上了钉子。

这一次，父亲把尤利乌斯锁起来，再没放他出来。

五、穆拉德四世，奥斯曼帝国统治者（1612—1640）

土耳其的穆拉德四世只有5岁的时候，他的父亲就去世了。他的叔叔穆斯塔法一世继位，但这个叔叔脑子不太好使，穆拉德6年之后就夺过了王位。

下面是穆拉德的十大恶行……不过其中有一条是骗人的！哪一条呢？

1．11岁的穆拉德痛恨他的最高元老（我们称为首相），就把他给处决了。

2．接下来，穆拉德又想杀掉元老的朋友们，于是总共500人被活活勒死。

3．他的卫兵前往巴格达周边寻找间谍，穆拉德说：“你们发现一个就杀一个，不分男女。也不用审判了，逮着就杀。”

4．他把自己的历史老师关押起来，吊在笼子里，不给吃喝，直到断气。

5．他下令叫卫兵杀了他的哥哥。

6．他总有打不完的仗。1638年，他的部队在巴格达城内大开杀戒，先是城内的3万名士兵，后来又有3万名妇女、儿童，全都上了西天。

7．他的乐师就因为弹了一首敌国波斯的曲子，就惨遭处决。

8．然后穆拉德又下令禁止吸烟、饮酒、喝咖啡，谁敢不听就人头落地。

9．有一次他碰到一群妇女，她们坐在草地上边野餐边唱歌。“我讨厌这噪声，”他说，“把她们推到河里淹死。”

10．到了晚上，他穿起长睡衣到街上闲逛，逢人就杀。他最喜欢把那些粗脖子的人的脑袋砍下来。

答案：罪状4是假的。想法倒是挺好……但确实没发生过。

六、理查德·达德利上校，拦路抢匪（1681—1708）

你究竟该怎么走上恶棍的道路呢？理查德·达德利会告诉你……

9岁那年，我抢了姐姐的30先令，从家里跑了出来。他们把我送回学校，可我马上又偷了老爹的钱。
谢谢，老爹！
十几岁的时候，我加入了一个团伙，帮他们洗劫了一座乡村别墅。我被抓了，判了死刑，但我的好老爹向女王求情，她赦免了我。
在军队混了一段日子，结了婚，我就开始拦路抢劫啦。你信吗？我又被抓了，又判了死刑！好老爹托人改了判决书，我就被发配到巴巴多斯岛。但我从船上逃了下来，又干起了拦路抢劫的老本行。
我还是被抓了，和兄弟威尔一起被判了死刑。第三次就没那么走运了，是吧？威尔和我被绞死了。老爹过来，见我们躺在棺材里……受不了刺激，倒在地上咽了气。好老爹和我们埋在一起，挺温馨吧，嗯？

七、比利小子（1859—1881）

威廉·邦尼（或比利小子）和母亲一起去酒吧的时候，确实还是个小孩子——才12岁。

酒吧里有个男人侮辱比利的母亲……他可能说了这样的话："邦尼太太，你就像狒狒的屁股一样好看。"

比利拔出一把尖刀，当场刺死了那个人。

不要在你们当地的酒吧试这一招，因为（1）你会把地毯弄得乱七八糟，（2）你妈妈很可能把你赶上床睡觉，没有茶点吃，也不准看电视。

小比利是个恶棍……

通缉令

比利小子

被控杀害了治安官詹姆斯·布莱迪

罪行有：

他本来就是个浑蛋，活该！

偷牲口、抢劫、谋杀

体型偏瘦，5英尺8英寸

喜欢跳舞

是人都喜欢！

比利有个朋友叫派特·加勒特，他被任命为林肯郡的治安官，任务就是追捕比利。比利被抓获，以谋杀治安官詹姆斯·布莱迪的罪名被判了绞刑。

比利干掉监狱看守逃了出来。老朋友派特追踪到他的下落，还来不及说一句“你好啊，老伙计”，就一枪打爆了比利小子的头。

这下再也逃不了了。

比利的枪上有19道刻痕——每一道代表他杀过的一个人。

屠夫征服者

历史上还有一类恶棍——他们不满足于稀奇古怪的杀人伎俩，那只是瞎胡闹——他们简直就是杀人如麻的疯狂屠夫！他们侵略其他国家，大片大片地杀人，从而给对手的统治画上句号。

如果把这些恶棍的人头债拿出来清算一下，谁砍下的脑袋堆得最高呢？

一、匈奴王阿提拉，匈奴领袖（406—453）

不管罗马人还是其他人，谁敢挡阿提拉的路，谁就会粉身碎骨。

- 他屠杀了整整一座城的人，只为了给敌人一个教训。
- 到处都能听到他吃人肉的可怕传说。
- 他放出军犬，把敌军士兵咬得四分五裂。
- 他连死了的敌人也不放过，捣毁了他们的墓地。
- 可最令人不寒而栗的却是他的妻子古德鲁恩。她杀死了他的两个儿子厄普和艾提尔，挖出他们的心给他当晚餐。

有什么能阻止万恶的阿提拉和他恐怖的匈奴大军呢？

鼻血。他结婚以后，鼻子就开始流血，最后竟被自己的血给呛死了。

二、阿布尔·阿巴斯，美索不达米亚统治者（722—754）

他的绰号是“放血人”。你愿意和这个人共进晚餐吗？他的敌人们倒是有如此幸运的机会——他把他们全宰了，然后继续用餐——当然是坐在他们的尸体上。

他还把敌人的死尸挖出来，叫人先拿鞭子抽，再扔出去喂野兽。这可是美味佳肴哦。

三、成吉思汗，蒙古战神（1162—1227）

成吉思汗是个残酷的侵略者，他有一句漂亮的格言，你也许想学学：“战败者只有死去，胜利者才能欢愉。”换句话说：“我杀你，不是因为我恶毒——我杀你，因为我能从中取乐。”

在古城梅尔夫（古称木鹿），他下令军队屠杀了100万平民……在短短一天之内。

四、帖木儿，蒙古战神（1336—1405）

享受了征服新土地的快感，又上演了残杀老百姓的丑剧。他入侵印度，行军到德里，屠杀了10万印度囚犯。为什么？就因为既要给他们饭吃，又要派人看守，那太麻烦了。

五、弗拉德·特佩斯，瓦拉几亚暴君（1431—1476）

现实中的德古拉伯爵比故事里的吸血鬼还要凶残。弗拉德常常把战俘们拉出去，一个个钉在削尖的桩子上。然后，士兵们将这些桩子插在他的帐篷周围。他一边享用可口的晚餐，一边欣赏着战俘们的惨叫，直到他们痛苦地死去。说不定，吃校餐的时候拿这个来助助兴倒不错！

他最臭名昭著的把戏之一，是抓来一群囚犯，挑出3个扔进油锅里活活炸死，再强迫其他人去吃。

六、帕查库提，印加国王（1438—1471）

帕查库提的名字原意是“撼动大地的人”，他的残酷暴行也确实撼动了秘鲁的切昂卡部落。这位印加国王把战败的部落首领们通通抓来，剥下他们的皮，往里面填满稻草和灰。这些尸体稻草人被运到一个专门的坟场，放在石凳上坐好，装满了东西的手臂弯过来摆着。这样，风吹来的时候，僵硬的手指就在撑大的肚皮上不停地拍打，像是在敲鼓！

他的勇士们唱着这首欢快的《吉开酒之歌》，奋不顾身地上阵杀敌……

七、弗朗西斯科·索拉诺·洛佩兹，巴拉圭领袖（死于1870年）

洛佩兹把自己看做南美洲的“拿破仑”，甚至还学这位法国皇帝的标志性动作，一只手插在上衣里走来走去。

洛佩兹明知是以卵击石，还让他的军队去送死，结果全军覆没。因为死的人太多，洛佩兹上台的时候，拥有133.7万人口的巴拉圭只剩下22.1万人了。

八、利奥波德二世，比利时国王（1835—1909）

这位冷酷的统治者只对一件事感兴趣，那就是从他的非洲殖民地捞钱。他的手下靠恐怖活动和欺压威吓来管制非洲人。他们把反抗的人抓起来，割掉鼻子和耳朵，砍掉双手，还开枪打死妇女和儿童。不过没关系，这倒让他成了世界上最富有的人。

九、阿道夫·希特勒，德国元首（1889—1945）

第一次世界大战战败后，德国陷入一片混乱，需要一个强人来领导人民。希特勒满脑子都是癫狂的想法，可人们却对他深信不疑。

他说德国的失败都要怪犹太人，人们相信了他；他说只有杀光犹太人才能解决问题，人们又相信了他。结果，600万人惨遭杀害。但希特勒还是输掉了“二战”，开枪自尽。损失也不算太大嘛，只是早在20年前他就该这么干了，真可惜。

邪门恶棍小贴士之二：

拉帮结派

当一个独来独往的恶棍没多大意思，要是能网罗一群打手和暴徒，他们就能为你卖苦力。当然，这招也不是万能的……

修道士尤斯塔斯（1170—1217）

尤斯塔斯是一名法国修道士，但他离开修道院去干掉他的杀父仇人。他变成了复仇的亡命之徒，还纠集了一群恶棍追随左右。

尤斯塔斯打劫的方式也很古怪，他问——

要是你说实话，他就不拿你一个子儿；如果你撒谎，他就把你抢个精光。

尤斯塔斯对他的手下很讲义气。一伙敌人挖了他手下的眼睛，他就砍掉了那拨人里的四个人的脚。《圣经》里说“以眼还眼”，尤斯塔斯却相信“以脚还眼”。

据说尤斯塔斯身怀旁门绝技——在修道院里，他能让修道士们随时放屁！

想象一下，要是你也会那门绝技该多好！在历史课上寻开心……或者等到全校集会的时候再说。

尤斯塔斯还有一个本事，就是乔装打扮，以逃脱追捕或者侦察敌情。他曾化装成——

尤斯塔斯是一个英勇的战士，因为痛恨杀害他父亲的法国人，他决定为英王约翰效力。

他终于如愿抓到了杀父凶手。他强迫其中一个人自己把绳子绑在树上，然后用它上吊自杀。

到了1205年，尤斯塔斯当了叛徒，站到另一边为法国而战。他成了海盗，专门袭击英国船只。1217年，英国人在肯特郡海岸附近展开的一场海战中终于抓住了他。尤斯塔斯的战船甲板上带了一台“投石机”（一种大型作战弹弩）。

英国人让他作出选择……

最后，尤斯塔斯在投石机上被斩首。

福尔·塔克修士（15世纪20年代）

1416年2月，萨里郡和苏塞克斯郡笼罩在恐慌之中。一帮家伙在森林里横冲直撞，到处捕杀野鹿。护林人试图阻止他们，自家的房子却被他们烧毁。这伙人的首领是个流氓修士，他的名字听起来很耳熟……

通缉令

活要见人，死要见尸

（或者两样都来一点）

该团伙的首领就是流氓修士，人称

塔克修士

罪行如下：

烧毁农舍，捕杀野鹿

留意这个纵火犯修士[1]，有知其下落者请提供线索，重赏等你拿！

没错，重重有赏——你就能好好犒劳你的胃了！

实际上，你可以吃他个够本……

如果你能帮我们把塔克揪出来。

这个著名的塔克修士，莫非后来成了罗宾汉一伙里闻名遐迩的干将？也许不是，罗宾汉的故事里只是借用了这个名字。

事实上，塔克修士是苏塞克斯的一名牧师，真名叫理查德·斯塔福德。他是一个“和蔼可亲”的人。

到最后，法律也拿他没办法，只好放弃对塔克的抓捕并赦免了他。

---

① 这里的修士指的是云游和尚，而不是当地鱼店里给你炸薯条的人或者说是油炸师傅。修士只会云游四方，传教布道，或者像塔克修士这样，到处搞破坏。

詹姆斯·道尔顿（1700—1730）

小詹是伦敦的街头抢匪。在他5岁的时候，他爸爸就被逮捕，还判了绞刑。道尔顿先生说——

一开始，詹姆斯只是搞点小偷小摸。后来，他加入了伦敦圣保罗大教堂附近的一个暴力团伙。

这个团伙强闯民宅，入室抢劫——这可是大错特错了。检察官悬赏捉拿他们……一个成员被抓住了，他就供出其余所有人，让他们也全部落网。

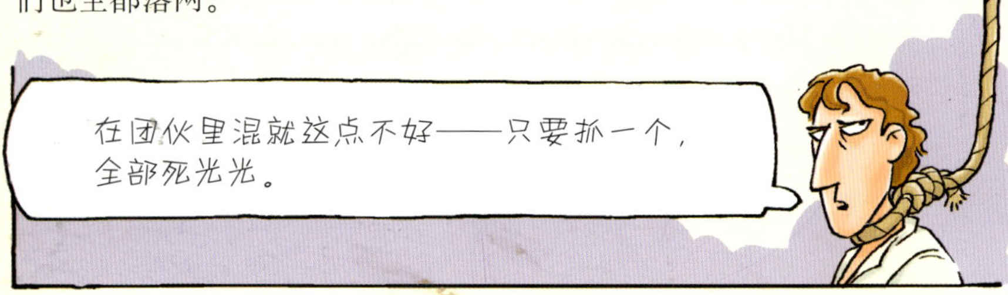

爱尔兰地狱火俱乐部（1735）

有些人聚在一起，完全是为了搞些歪门邪道的事来取乐！爱尔兰地狱火俱乐部专门吸纳那些时髦的小青年，他们就想疯狂一把，玩点残忍的游戏，成员们美其名曰“花花公子”。他们在都柏林市中心的老鹰客栈碰头——真够阴阳怪气的（鹰巢，阴曹，明白了吧？哦，不明白也无所谓了）。

有时，他们也在城外的蒙彼利埃山会面，远远躲开爱尔兰法律的视线。有人说他们还杀生祭祀，直到今天都有幽灵一样的黑猫在那儿出没！怎么回事？他们曾经拿黑猫当过祭品吗？还是坏透顶的厨师把白猫烤焦了？据传他们还杀了一个侏儒——可谁也没看到过幽灵一样的侏儒在那里念叨自己的悲惨经历。

他们中有个人叫理查德·查佩尔·韦利，人称“教堂放火员”，因为他有个习惯：一到礼拜天上午，他就跑去找那些有茅草屋顶的天主教教堂，在周围转转，再放火烧烧。

团伙成员们最恶心的习惯是喝“斯考西恩”，一种威士忌与发霉黄油的混合饮料。

他们还玩一个更骇人的游戏——切开别人的鼻孔。干吗这么干？鬼才知道！

小哈培（1770—1803）与大哈培（1768—1799）

哈培兄弟是美国的亡命歹徒，穷凶极恶。今天看来，他们很有可能是连环杀手的鼻祖。

兄弟俩本来住在田纳西州的诺克斯维尔市，但由于被指控谋杀了一个名叫约翰逊的男子，他们便逃之夭夭了。人们在一条河里发现了约翰逊的尸体，残破不堪，绑着石头沉在河底。这是哈培兄弟的惯用伎俩。

两兄弟在西部蛮荒地区的边境上大开杀戒，男的、女的，还有小孩，至少40人死在他们的魔掌下。

有个名叫史蒂格尔的敌手追上他们，打死了大哈培。他割下了哈培的头，钉在木杆上，这个事件发生的地点至今仍被称做“哈培之头”。

小哈培逃掉了，跑去与无恶不作的塞缪尔·梅森（1739—1803）为伍。梅森一伙经常在密西西比河上抢劫船只。但后来他们闹翻了，小哈培砍下梅森的脑袋，拿去要赏金。

可没想到，人群中有人指认，他就是小哈培！他被抓起来绞死，头被钉在柱子上，旁边就是梅森的脑袋。

本·霍尔（1837—1865）

人们有时把本·霍尔看成澳大利亚的罗宾汉——身为不法之徒，却有着金子般的心。他和他的好汉们打劫了10辆车，却从不杀人。

怎么搞的呢？那要看你相信谁的说法了。

本倒是打伤过几个人，有一次还企图干掉一个警察——那么你相信谁呢？

警方一路追踪他到了比拉邦河，交火中他受了伤。他对朋友说——

我们不知道比利到底有没有了结他的性命……不过，警方发现了本·霍尔的尸体，里面有36颗子弹。警察的杰作？反正不可能全是比利的子弹，对吧？

布奇·卡西迪和阳舞仔（19世纪90年代）

布奇和他的野战群是美国逍遥法外的末代团伙。一个年轻的牛仔也来入伙，他刚从圣丹斯（Sundance，意为“太阳舞”——译注）的监狱里放出来，所以大伙叫他“阳舞仔”。名字听起来很阳光，也没有恶意，可这个团伙的所作所为却完全不是这么回事。

- 这伙强盗跑到怀俄明州的凯西地区附近，找到一个叫“墙中洞”的荒凉山谷。谷的尽头有山洞，是天然的要塞，他们就在那里搭起了小屋和围栏，入口很窄，而且整天有人把守。所以呢，人们在提到这个团伙的时候，有时会管他们叫“墙中洞帮”。
- 在无法无天的星谷镇，有家沙龙的后墙上糊满了偷来的美钞，只要是布奇的朋友来这儿喝酒，都可以不给钱。
- 这个团伙也不算太精明，谁也没察觉私人侦探查尔斯·西林戈混到了他们中间。他装成头发花白的逃犯，谎称自己杀了人正在跑路，于是顺利地加入了团伙。他搜集了足够多的信息，好几次搞砸了计划周密的抢劫。

巴克家族（20世纪30年代早期）

要是找不到朋友来组成团伙，那就把全家人动员起来一块儿上。美国人赫尔曼、劳埃德、亚瑟和弗雷德就是这么干的。

那么，谁是这个团伙的老大呢？当然是他们亲爱的老妈——玛·巴克。

他们抢银行、劫邮局，但最狠的还是绑架，他们搞到了300万美元，为此也至少弄死了10个人。这伙人得到了一个称号——“血腥巴克家族”。

银行甚至贴出了一张罕见的“通缉”布告……

巴克家族的人一个个被抓，最后只剩下玛和弗雷德被困在家里。警方使用了催泪弹、机关枪和来复枪。经过45分钟的枪战，玛和弗雷德被击毙。死都死了，玛的手里还紧抓着她的来复枪。

艾尔·卡彭（1899—1947）

艾尔·卡彭是美国20世纪20年代最有名的匪徒。他的两个杀手阿纳斯密和斯卡利斯私下商定要对付自己的老板，除掉他。

老艾尔听说他们在密谋，想出了漂亮的复仇计划。

卡彭安排了盛大的晚宴，阿纳斯密和斯卡利斯是主要的客人。艾尔来了一段演说，大谈下属对老板忠心是多么重要。

说完，他叫人把阿纳斯密和斯卡利斯绑在椅子上。他拿出一根棒球棍，当着其他客人的面，朝两个叛徒的头一阵猛击，打死才停手。

如果这都还不能把你赶下餐桌，那还有什么招数管用呢？

约翰·迪林杰（1903—1934）

迪林杰之所以出名，因为他是美国一个抢劫银行团伙的头目。负责追捕他的警方总指挥（J. 埃德加·胡佛）给了他一个著名的头衔——

1933年，迪林杰被捕，而他的团伙充分显示了团队的力量。3个人打扮成监狱长官，大摇大摆走进看守所，放跑了他们的老板。

他又纠集了一个团伙，网罗了远近闻名的“娃娃脸”尼尔森和很多别的悍匪。后来，他的女朋友为1万美元的赏金出卖了他。

迪林杰中枪倒地。

美国的匪徒时代就此终结。

终极折磨

看起来，有些恶贯满盈的坏蛋就喜欢把快乐建立在别人的痛苦之上——而对于另一些人来说，折磨人的过程本身就是他们的全职工作。杀了人就完事了，人一死，哪还有的玩？不过，要是慢慢地下手，那简直就是其乐无穷。

一、罗马元首提比略（14—37 年在位）

这位元首脾气可真臭，动不动就火冒三丈。要是你惹恼了他，他铁定会把你的耳朵割下来喂狮子。

有个妻子让他气不打一处来，他就叫人把她关进浴室，再命令仆人把温度烧高，硬是活活把她蒸死了。

二、罗马元首图密善（81—96 年在位）

疯狂的图密善当元首的时间越长，就变得越暴躁、越残忍。他喜欢把人往死里折磨。他钟爱一种龌龊的玩法，先用链子把人拴在墙上，然后拿根燃烧的火把放到这人的“敏感部位”下面去烤，最后再把它割掉。

接着，他就眼睁睁看着这个可怜的人流血而死。

三、戈德温伯爵，盎格鲁—撒克逊的威塞克斯伯爵(1001—1053)

丹麦国王克努特1036年去世后，可怜的小阿尔佛雷德王子想继承王位。可是邪恶的戈德温伯爵（盎格鲁—撒克逊的威塞克斯伯爵）却打起了小算盘。《盎格鲁—撒克逊编年史》记载了接下来发生的事，但读起来有点乏味。要是那些负责编写的倒霉僧侣们稍微懂点诗歌的话，读起来可能就是这感觉……

阿尔佛雷德王子是个无忧无虑的少年，他的眼睛闪着蓝光，戈德温害得他眼睛失明，对，双眼！不是一只，是一双！他把盲眼的王子发配到伊利，沦为僧侣，小阿尔菲一命归天，戈德温在乎吗？我看他没往心里去。

戈德温又开始清理门户，阿尔菲的朋友全都遭殃。
一声令下，在劫难逃，他们落得匪夷所思的下场。
有人被卖为奴隶，有人被剥去头皮。
其余戴上手铐脚镣，还有人魂归天国，不留一丝气息。

众人遭遇各不同，砍手、断臂、斩双腿、割耳朵。
无怪他们落荒而逃（有人没能逃掉），吓得直哆嗦。
可怕的北欧海盗不请自来，我们从此不得安宁，
但我们的土地啊，还是头一次见证如此残忍的暴行。

盎格鲁—撒克逊人相信上帝会让恶人有恶报，《圣经》里也说“以眼还眼”。那么，如果阿尔菲泉下有知的话，听到这个消息应该感到欣慰了——在30年后的哈斯丁斯战役中，戈德温的儿子哈罗德丢了性命……一支箭正中他的眼睛！

四、亚历山大，“巴德诺赫之狼”（1343—1405）

凶恶的亚历克斯统治着苏格兰北部，他有个让人讨厌的习惯：到若斯墨丘斯森林去打猎。他在里面的几个地方点起大火，把鹿赶出来杀掉。不过，他也喜欢用这招来对付逃犯。

一旦他抓到了人，就叫人把他们锁到地窖里，那儿灌了1米深的冰水。

囚犯如果站起来，就能继续活着——要是想坐下或是睡着了，他们就会被淹死。把他们扔在地窖里过两三天，没死的就放走。

你知道吗？

坏人们可能被“足枷”拴紧——用木托牢牢卡住他们的脚。人们可以过来朝他们扔垃圾……或者石头！

可是1384年，塞勒姆监狱里的一名囚犯因为足枷戴得太久，脚都烂掉了。

五、罗马尼亚弗拉德二世（1390—1447）

真正的德古拉伯爵，罗马尼亚弗拉德三世，确实异常残酷，可他本来就生活在残酷的时代。看看他父亲弗拉德二世遭受过何等酷刑吧！

弗拉德二世被人暗杀，凶手用的手段是剥脸皮——在土耳其人看来，“剥脸皮”意味着切开脸的边缘，撕下脸上的皮肤……从头到尾人都活着，而且十分清醒。

怎样去脸皮

图1  沿着下巴画一条虚线，从左耳一直画到右耳。

图2 按这条线切开，要仔细。 

图3  把头皮往上拉，扯过头顶。

“另类历史”爱心提示：

不要拿你亲生老爸的头来练习！

（找一个教历史的老教师代替吧。）

六、托马斯·德·托奎马达，西班牙刑官（1420—1498）

这是位基督教修道士。没错，这份工作还是蛮温和的。

不，他断言犹太民族是个危险的民族，他要用严刑拷打来找出哪些人是善良的基督徒，哪些人不是。

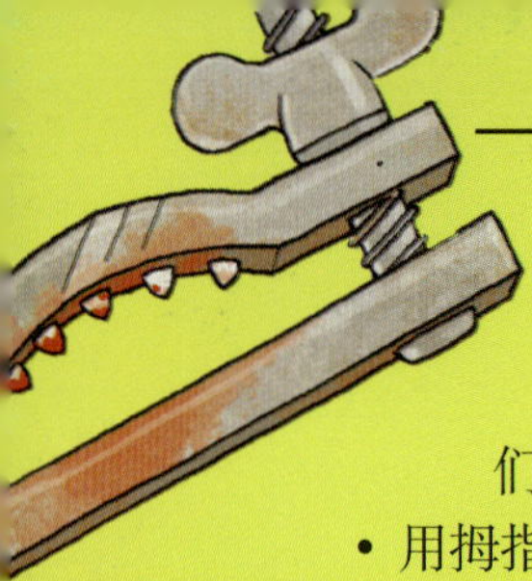

教会表示，托马斯在用刑的时候不准见血。那么，他们怎么干呢？

- 用拇指夹挤压犯人的手指甲。
- 拿炽热的烙铁撕下他们身上的肉（这样，血还没流出来伤口就被“封”住了）。
- 把他们放在火上烧烤。
- 强行把水灌进喉咙，把他们呛个半死。
- 把他们的手腕捆起来吊在天花板上，再把重物挂在双脚上。
- 这样折磨都死不了的人，通常就用火烧死了事。

七、乔治·多沙，匈牙利造反者（死于1514年）

在人民心里，乔治·多沙是基督教的英雄——在极端可恶的匈牙利贵族眼里，他却是个危险的罪犯。

他把敌人插在柱子尖儿上，让他们慢慢死去。这样就有了“另类历史”中的老笑话——

乔治·多沙有时也喜欢把人钉在十字架上，整死了好几千人。所以当他被敌人抓住的时候，你可以想象，一定有“特殊款待”在等着他。

敌人们用火烧红了一个铁打的宝座，让他坐上去，头戴一顶灼热的铁王冠，手握一根滚烫的权杖（嘲弄他的篡权计划）。在多沙受苦的同时，另外6个造反的人被放了出来，他们早就饿坏了，所以一拥而上，把他啃了个精光。

害人精？还是牺牲品？怎么叫他都行吧！

八、伊丽莎白·布兰奇（1687—1740）

就算你不能掌权，也能当个虐待狂。伊丽莎白·布兰奇只是个富婆——很有几个臭钱。

龌龊莉斯（*伊丽莎白的谑称——译注*）常常捉些苍蝇，把它们弄死，还喜欢折磨小猫小狗。等结了婚生了孩子，她就把女儿贝蒂也调教得心狠手辣。贝蒂经常抓来老鼠和鸟，活活把它们切开，足足折磨3个小时才让它们死去[1]。

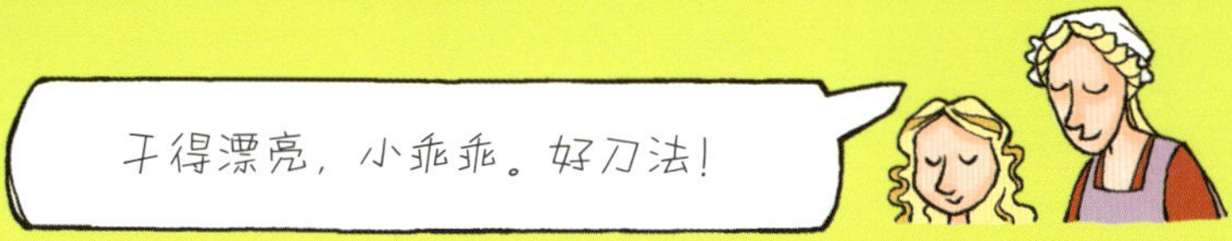

- 莉斯和贝蒂又开始对仆人们下狠手。有个仆人说，布兰奇家的人曾经强迫他吃自己的大便。
- 还有个13岁的小仆人迟到了，兽性大发的布兰奇母女就抡起棒子、扫把和鞋，揍了她整整7个小时……直到她没气才罢手。
- 在法庭上，她们居然还跑过去猛踢了几个证人。
- 布兰奇母女上了绞刑架。村民们对莉斯和贝蒂恨之入骨，他们要到刑场去把她们五马分尸——所以，这对冷血母女的绞刑定在清晨6点，大部分人还没起床呢。

---

① 莉斯（在她的历史书里）读到尼禄（*古罗马暴君——译注*）的光荣事迹，从而获得了灵感。尼禄“剖开他母亲的肚子，就为了看看他是怎么生出来的”……这恰好说明读历史书是多么危险！万万读不得！赶快把这本书拿去烧了……只要你付了钱，就别犹豫了！

恶魔的工具箱

要想当恶棍，必先利其器。下面，让历史人物们给你支几着……

1．澳洲歹徒耐德·凯利（1855—1880）穿过的盔甲，家庭制造。不仅可以帮你挡子弹，还能把对方吓个半死，毫不抵抗，举手投降。

2．万能钥匙——破门入户、越狱出逃之必备佳品。

4．面具——拦路强盗和牛仔们把手帕罩在嘴上，抢劫的时候就不用露脸了。

证据包

3．毒药

神不知鬼不觉，惹你不爽的人就见了上帝。

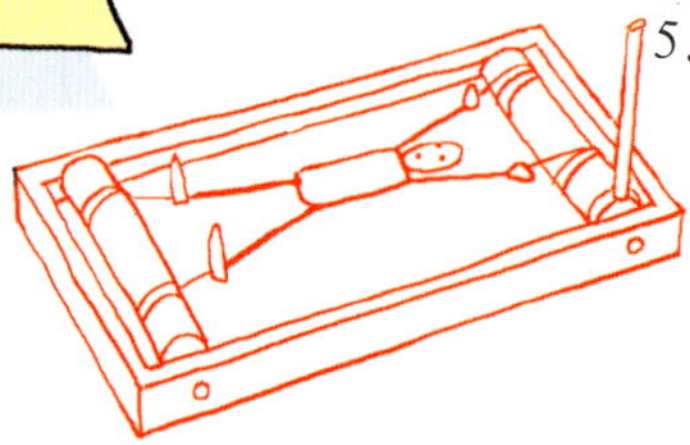

5．拷问台——
人的手脚
在上面向
侧拉扯，
他们招供。

6．骷髅头。如果你是帖木儿大帝，就用骷髅头垒一座金字塔吧；你也可以学学十字军骑士们，拿骷髅头当酒杯喝个痛快。波斯皇帝纳迪尔·沙（1688—1747）杀人无数，他还用死人的脑袋堆成了一座座塔。

7．记事本。撕下一张纸，绑架犯可以写信要赎金，杀人狂可以向警察挑衅。

8．汽车。等你抢完银行出来，太需要一辆车帮你逃跑了——可它起码要跑得过警车。

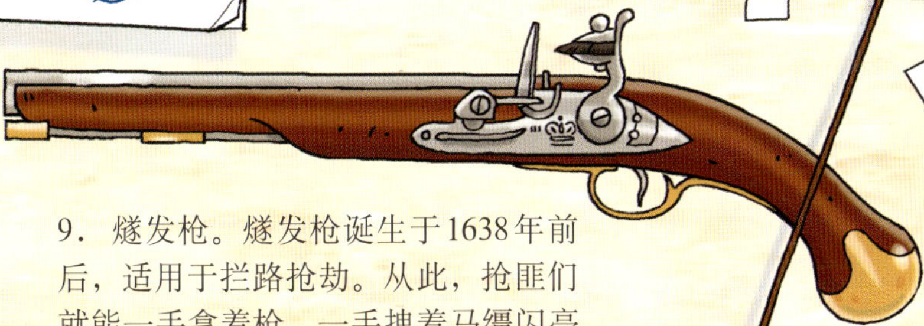

9．燧发枪。燧发枪诞生于1638年前后，适用于拦路抢劫。从此，抢匪们就能一手拿着枪，一手拽着马缰闪亮登场了。

10．照相机。如果你想当一个赫赫有名的恶棍，那就给自己拍张照片寄到报社去吧。

丑行备忘录

1. 疯子耐德忘了给腿做护甲，所以检察官只用朝他的小腿开一枪，他就束手就擒了。他们把他送上绞刑架，盔甲也救不了他了。

2. 无论被关在哪座监狱，用什么链条锁住他，大坏蛋杰克·谢帕德（1702—1724）总能成功逃走。最后他还是被抓住了，因为他喝得酩酊大醉，再也跑不动了。

3. 一个阿拉伯化学家发明了致命的白色粉末砒霜，杀人犯们如获至宝，因为它几乎尝不出味道，又可以和糖混在一起，倒进别人的茶里。医生通常会说，被害人是自然死亡，或者死于"胃热"。

4. 当然，戴上它，你擤鼻子也方便了。

5. 英国都铎王室很喜欢用这招来折磨人。著名阴谋家盖伊·福克斯就被绑在拷问台上，膀子和腿都快被扯下来了。他虽然没死，最后却被绞首、剖腹、分尸。

6. 1119年，十字军的罗伯特伯爵在战斗中被擒，押到大马士革的摩苏尔总督面前。摩苏尔总督拔出剑砍下罗伯特的头。他嫌这还不过瘾，就把尸体扔去喂狗，把脑壳留下。他给这个骷髅头镶上珠宝，当做自己的酒杯。

英国的基奇纳将军也喜欢砍下敌人的头颅，做成砚台。

7. 1888年，开膛手杰克写信取笑警察，他自称为"开膛手杰克"，但从没报上真名——这主意真不错，弄得我们现在还是不知道他究竟是何方神圣。

8. 美国的迪林杰团伙每次抢劫之后都开车逃跑。1934年，他们在一个州抢了银行，然后开车越过边境逃到旁边的州。警察没有权力跨境抓人——只好任他们逍遥法外了。

9. 从17世纪开始，强盗们在公路上大肆洗劫车辆，人人闻风丧胆。不过到了维多利亚时代，英国人发明了火车，公路上就看不到拦路抢匪的影子了。追火车可难多了，特别是骑马追的话。

10. 像邦妮和克莱德（雌雄大盗）、约翰·迪林杰这样的凶徒可是相当受欢迎，因为他们给自己拍了照片，美国大众竟然对他们情有独钟。不过提醒你，他们最后都死得要多惨有多惨。

邪门恶棍小贴士之三：

野心勃勃

恶棍也许会去抢外婆钱包里的10便士，但那只是热热身。真正的恶棍都怀有雄心壮志，他们想干一番惊天动地的大事，把整个世界据为己有。

一、大希律王（前74—前4）

希律是犹太（古代罗马所统治的巴勒斯坦南部）国王，他在晚年对人民实行恐怖统治。

他听说有个婴儿出生了，以后将会成为犹太人的国王。他搞不清楚到底是**哪个**婴儿，于是决定从“大”处着眼。

他想要铲除的婴儿自然是耶稣，不过耶稣幸免于难。（嗯，那当然了，有一大堆天使帮助他。）就算是已经长大的男孩也不安全……希律王连亲生儿子都杀，这个爸爸当得真不错。

二、武曌（武则天），中国女皇帝（624—705）

她开始只是皇帝众多妃嫔中的一个，但她决心实现自己的抱负，她要统治全国。

---

① 当然，希律王**也许**说的是："杀光伯利恒（相传为耶稣降生地——译注）的男婴。"那样的话，死的人就少多了，而不会是好几百人。

有何不可？我知道必须铲除皇上的其他妻妾——要么杀掉她们，要么把她们关进大牢。
那么，我先杀死自己的孩子……
……嫁祸给王皇后。
谁？我？
皇上听信了我的话，让我处置她。
我砍下她的手脚。
……接着把她浸入酒缸等死。
皇上驾崩后，我把他最软弱的儿子弄上皇位。
谁？我？
我想怎么治理国家，就告诉他怎么做。
最后我接过皇位，简直易如反掌！心有多大，路就有多宽。

武则天当了15年皇帝，之后她的儿子从流放地回来，把她赶下皇位。她走完了一生——漫长的80年。这样看来，她这辈子干得真不赖。

三、巴西尔二世（别名：屠杀保加利亚人的刽子手），拜占庭帝国皇帝（958—1025）

巴西尔的军队设法包围了敌军——保加利亚人，后者只好投降。他会放他们走吗？那要看你怎么理解这个“放”字了。

他把整个保加利亚军队的士兵都弄瞎了……不是一两个首领，噢，不——巴西尔哪有那么“小气”——他让每个敌兵都成了盲人，只不过每数到第100个人，就给他留一只眼睛。这样还能有几个看得见路的，把士兵们领回去见他们的国王塞缪尔。

看到如此恐怖的场面，老塞受刺激过度，当场毙命。失明的保加利亚军人可以回老家，但再也不可能去教书了——没有学生（英文中pupil一词可以指学生，可以指瞳孔。作者在原文中用“no pupils”暗指这些军人没有眼睛，一语双关——译注），怎么教？

四、克里斯托弗·哥伦布（1451—1506）

1492年，克里斯托弗·哥伦布发现了美洲大陆。

起程回国的时候，他绑走了大约20个印第安人。船上的条件非常糟糕，只有7个印第安人活着到了西班牙。不过，这已经足以让西班牙人开开眼界了——印第安人果然身强体壮，是当奴隶的好材料。

于是，哥伦布返回美洲——这次他带了1200多名士兵，配备了枪、剑、大炮和军犬。他当然不是去度假的——那时候还没有迪斯尼世界呢。他这次回去，是为了再抓一些奴隶。

1495年，西班牙人在海地围捕了500个阿拉瓦印第安人运回国，又抓了500人在岛上给他们做苦力。半数奴隶都死在半路，可残忍的哥伦布却说——

他的雄心真不小，但是他想错了。没完没了的苦工加上可怕的疾病，阿拉瓦人很快就死光了。印第安人是不准说“不”的，谁不听话就要被割掉鼻子，或剪掉耳朵，然后被运回村里做样板，杀鸡儆猴。

奴隶们像超市货架上的沙丁鱼一样被塞进船舱里，锁起来不让逃跑。船舱里又脏又臭，热得喘不过气来，他们一个个死去。西班牙历史作家彼得·马特说，你根本不需要指南针，就能沿着奴隶船的航线找到回家的路……

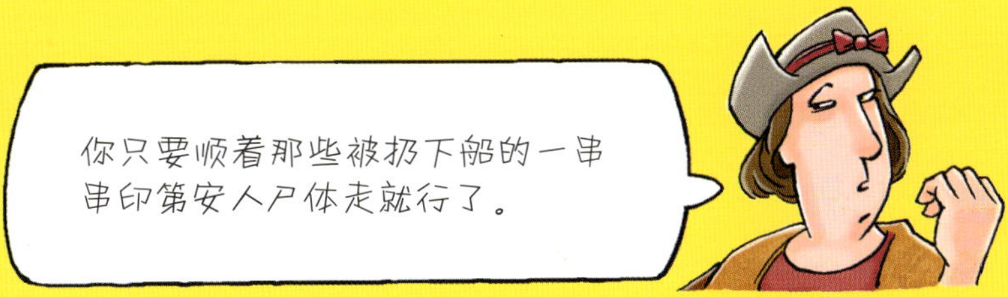

等到印第安奴隶都用完了，西班牙人又开始去非洲抓黑奴，跨过大西洋，把他们运到美洲去干活。残忍的哥伦布拉开了奴隶贸易的序幕，400年后才落下帷幕。

五、提佐克，阿兹特克皇帝（死于1486年）

当提佐克皇帝想要祭献供品的时候，他坚信一定要有20个勇士死在特诺奇蒂特兰的金字塔上才行。后来，他又决定搞一场大屠杀，给墨西哥的其他部落一点颜色看看。他把三个墨西哥部落的人全部抓走，整整2万人当了祭品，一个不留。

这就叫做敢想敢做。

这些可怜的人身上插着鹰的羽毛，羽毛上洒了他们自己的血，然后被带到阿兹特克首都。在金字塔上，他们全都成了刀下鬼。阿兹特克战士们先杀第一批，祭司们接着来第二轮。在早期的祭祀活动中，人们要吃掉祭品身上的小块肉。不过这一次祭品实在是太多了，他们只顾着杀人了，完事之后就直接扔进沼泽地。

墨西哥的其他部落真的被吓傻了，却也为此憎恶到了极点，开始真正地痛恨阿兹特克人。他们知道时机还不成熟，但机会总有一天将到来，可以让他们打倒丧心病狂的阿兹特克人。这一切后来真的发生了。

六、托马斯·布鲁德上校，珠宝大盗（1618—1680）

没人能从伦敦塔里偷走英国王冠上的宝石。这座塔的戒备极其森严，而王冠上的宝石又是里面看守最严密的珍宝。

可是，爱尔兰大盗托马斯·布鲁德却构思了一个惊世之举。他先设法跟看守宝石的塔尔博特·爱德华兹混熟，给自己弄到了参加晚宴的机会。结果他却把看守捆起来，往裤子里塞了一些珠宝，然后撒腿就跑。眼看他就要逃出大门，消失得无影无踪，一个卫兵及时赶到把他逮了个正着。

布鲁德虽然被抓了，但他却说："除非见到英王查理二世本人，否则我不跟任何人说话。"

布鲁德被带到英王面前，英王却说他很欣赏这么有主意的人。

查理没有怪罪他，还给了他每年500英镑的养老金。布鲁德真走运。

布鲁德上校厚着脸皮对英王说——

查理让他给逗乐了，就释放了他。英王为什么这么做？有人认为是查理二世亲手导演了这场戏——他想把自己的珠宝偷出来拿去卖掉。

布鲁德得到了爱尔兰的一块土地，那是英王赏给他的。不仅如此，他还成了皇家法庭的一员，在那里大受欢迎。大家都把他当个人物，因为他只差一步就偷走了王冠上的珠宝……塔尔博特·爱德华兹也同样出名，因为他差点就把珠宝给弄丢了。

不过，布鲁德下葬的时候，墓碑上却只有几句刻薄的话：

最毒妇人心

通常，只有男人才当恶棍。不过，女粉丝们别叹气。女人同样能够摇身变成恶棍，而且有些女同胞干得一点儿都不逊色。

一、克娄巴特拉七世，埃及艳后（前 69—前 30）

克娄巴特拉和她的弟弟托勒密十三世共同执政。当她遇到了罗马的最高统帅尤利乌斯·恺撒，她就不需要弟弟了——人们后来发现他淹死了。克娄巴特拉嫁给了另一个弟弟托勒密十四世，你猜怎么着？他也被人谋杀了。到底谁能主使这一切呢？

恺撒也死得很离奇，于是克娄巴特拉去找马克·安东尼，但埃及还是在战争中输给了罗马。她的死极富传奇色彩，据说她用毒蛇结束了自己的生命……那是一条角蝰（埃及眼镜蛇——译注）。这种死法还真有创意。

不过，“另类历史”要告诉你的是……

关于克娄巴特拉的死，当时没有任何记载。毒蛇的故事也是在她死了几百年后才有人写的。也许克娄巴特拉并不是自杀——有可能是仇人谋杀了她。

二、卢克雷蒂娅·波吉亚，意大利公爵夫人(1480—1519)

卢克雷蒂娅应该是历史上最狠毒的女人之一。

据传说，卢克雷蒂娅戴着一枚戒指，里面装满了毒药。有一次，公爵请了不少仇敌去参加会议，她在上酒的时候就偷偷往里面下毒[①]。

然而有些历史学家认为，关于阴险的卢克雷蒂娅，这些传说未必可信——那基本上都是波吉亚家族的敌人们捏造的。

她的哥哥切萨雷·波吉亚和父亲教皇亚历山大六世，都喜欢拿刀捅人，还常常用弩向路人射击，甚至还亲手把人勒死，不过最擅长的还是下毒。

三、玛丽·都铎，英国女王(1516—1558)

和父亲亨利八世比起来，玛丽杀的人就不算多了，但也只是因为她在位的时间没那么长。

当代的一些历史学家认为，历史书里对玛丽的记述有失公允。“她其实并没有那么坏。”他们说。从处决的人数上看，她父亲亨利八世更胜一筹。她很喜欢用火刑，拿火烧新教徒是她的一大变态嗜好。请翻到下一页看看他们之间的比较。

---

① 成年人喝酒的时候喜欢在一起碰杯，据说这就是从波吉亚家族时期开始兴起的。碰杯的时候，如果你杯子里的酒有几滴溅到别人的杯子里，就说明这个人没有对你下毒。

恐怖的都铎家族	腐朽统治	烧死的人数	可怕的平均数
玛丽	4年	300	每年75人
亨利八世	38年	81	每年2人
亨利七世	24年	10	每2年1人
伊丽莎白	45年	5	每9年1人

玛丽打算仁慈一点，于是让刽子手在受刑人的腿上绑好火药。这样，只要碰到点儿火花，马上就是一声巨响，接着就血肉横飞——整个过程很快，只有一瞬间的痛苦。可是，想法虽好却往往事与愿违。更多时候，现场都是火星一冒，噼里啪啦，嗞嗞作响，想快点死也不可能了。

四、艾米娜，尼日利亚女王（1533—1610）

这位英勇的女王改变了尼日利亚的历史。她从16岁就开始接受格斗训练，直到死的那一天，战斗了将近60年。她亲自出马，让她的商人们一路畅通无阻，还为她的人民修建了巨大的堡垒。了不起的艾米娜，一点儿也不像个恶人嘛……

不过，她还是有个小嗜好。由于整天忙着打仗，她根本没空和一个"全职丈夫"生活，所以一辈子都没结婚。可只要她征服了某个地方，她就从敌军俘虏里挑一个"男朋友"。整晚，她都会温柔地抱着他，让他完全察觉不到——明天早上他将最后一次看到太阳。

五、玛格丽特·兰伯恩女士（生于 1550 年）

1587年，伊丽莎白一世处死了苏格兰的玛丽女王。

玛格丽特女士决心杀死伊丽莎白，为女王报仇。她女扮男装，带了两把手枪潜入宫里——其中一把是给伊丽莎白准备的，另一把用来自杀。

很可惜，一把手枪提前走火，更不幸的是，打死了一只孔雀。

伊丽莎白一世很欣赏她对苏格兰玛丽女王的忠心，就没有定她的罪。

六、比弗女巫（死于 1619 年）

据说女巫们通常都是一伙一伙出动的，只不过她们给自己起了个特殊的名字“女巫团”而已。人们坚信她们会念咒语，但我们知道那纯属胡扯。

更邪乎的是，还有人说她们曾用魔法杀人。玛格丽特·弗劳尔本来是个佣人，可手脚不干净，所以老板拉特兰伯爵就炒了她的鱿鱼。她的母亲琼可不答应，决定报复……

玛格丽特和4个女巫同伙被抓了起来，她说——

他们给了她面包……她真的噎死了。

其他几个女巫马上开始互相揭发。（这就是组团的隐患——只要一个人有麻烦，大家都跟着倒霉。）

1619年3月11日，她们全都在林肯监狱被绞死。

七、玛丽·奥布里（死于 1688 年）

玛丽是一个家庭主妇，住在伦敦。1688 年 1 月下旬，人们在伦敦的几个地方接连发现了她丈夫丹尼斯·赫伯利的头、身体和四肢。他的身体在一个垃圾场背面，手和脚在一个厕所里，头在另一个厕所里。

检察官把尸体残片一点点拼起来，照样子画在告示牌上，放在圣吉尔斯教堂门口……

玛丽被捕了。她说丈夫虐待她，杀他完全是为了救自己。法官毫不留情，给了她一个特殊的惩罚，那是专门为杀夫的妇女准备的——活活烧死。

八、汉娜·达戈（死于 1763 年）

这个女贼很冷血，她闯进寡妇赫茜的家里，把这个可怜女人的屋子洗劫一空。汉娜被判了绞刑，可她才不会乖乖就范呢。她身强体壮，挣脱了绳索，还袭击执行死刑的托马斯·特里斯。她说——

她拳头太重，落在他的胸口，把他打翻在地。她夺过他的帽子，扯下他的披风和其他衣物，通通扔给了围观的人群。这么一来，他就不能拿这些东西去卖钱了。最后她还是被制伏了，特里斯拿起绳子绕在她的脖子上。

他们还没来得及给绞刑车打手势，汉娜又掏出手帕围在自己头上，蒙住脸，奋力从绞刑车上跳下去，折断了脖子，当场死亡。

九、腊纳瓦洛娜一世，马达加斯加女王（1782—1861）

腊纳瓦洛娜小时候长得并不好看，像蛇一样目露凶光。她年纪不大就开始作恶……而且越来越心狠手辣。

• 她还只是个孩子的时候，就弄伤了国王拉达玛，还给他下毒。

• 腊纳瓦洛娜铲除了所有对她有威胁的人，然后登上王位，接着又派人暗杀了她家族的大部分成员。

• 她痛恨外国人，尤其是岛上的基督教传教士，便把他们通通赶走。

• 可是本国还有很多人信基督教，要想办法对付他们。她下令把基督徒用一根 50 米长的绳子绑起来吊在悬崖边上，问他们："你是信女王的上帝呢，还是信基督？"如果回答"基督"，就一刀砍断绳子。

• 凡是私藏《圣经》的人都要被处死。有些人像小鸡一样被捆起来从山顶上扔下去，如果摔不死就再扔一次，一次又一次，这样他们就死定了。

• 其他人要穿上血淋淋的兽皮，身后是穷追不舍的猎狗。

• 有些人被像牲口一样用木桩拴在一起，然后扔进马达加斯加繁密的灌木丛里。他们要是想挣扎逃脱，脖子就会给拧断；要么就会让矮树丛缠住，活活饿死。

- 不过，腊纳瓦洛娜最爱玩一种杀人游戏——先在山底下挖一个坑，把犯人推进去，再命令山顶上的士兵们推翻开水锅，一锅接一锅。开水泼进坑里就会慢慢涨起来，把犯人给活活煮熟。
- 腊纳瓦洛娜的子民们喜欢看杀人，经常全家出动去观看残杀基督徒的活动，这变成了大众的娱乐。一个到过现场的人写下了当时的场景——

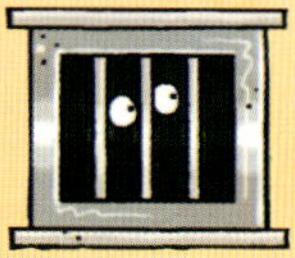

邪门恶棍小贴士之四：

花样百出

没错，要是恶棍走进商店里顺手牵羊，也许能偷到一条新短裤。不过，早就有人这么干了。真正有作为的恶棍都会另辟蹊径来整人。

顶级暗杀秘技

想干掉国王？你根本没法靠近。他们身边总有一群保镖。

国王走到哪儿，保镖就跟到哪儿，除了上厕所之外！所以，要杀国王，就去皇家洗手间吧。1016 年，铁甲王埃德蒙 · 艾恩赛德就犯了个错，他真不该去上厕所……

1．趁国王用餐的时候，先躲进粪坑。

2．手里拿着刀躺下来（就算躺在别人的大便里也在所不惜）。

3．等国王坐到便座上，用刀向上捅，穿过屁股直捣肠子。

4．逃跑，洗澡，再洗澡。

铁甲王埃德蒙就这么死了。

他的死还有一说：刺客买通了两个仆人，让他们把一个铁钩插进了他的肠子。

弄到奴隶的伎俩

纳撒尼尔·诺什（1680—1709）是个海盗，他最在乎的战利品不是一箱箱的金子，而是活生生的奴隶。虽然追捕奴隶越来越难了，但龌龊的纳特（纳撒尼尔的昵称——译注）找到了方便的路子。他去了马达加斯加岛。马达加斯加人正在搞内战，获胜方就有一大堆战俘要处理。纳特接管了这些俘虏——这样，获胜方就不用给他们吃的，也不用劳师动众去杀掉他们。

这桩买卖还真划算……可后来，几个马达加斯加人趁纳特睡着时杀掉了他。

顶级盗尸秘技

在 18 世纪晚期，如果你有一具死尸，就可以拿去卖给医生。他们需要尸体来做实验，以了解人体的功能。政府允许他们用死去的犯人做实验，但不准打普通人的主意，比如你和我。

假设你是个恶棍，手里又没有现成的死尸，那么你只要去盗一个墓就行了。（务必要挑一个既好又新的墓下手！）这是违法的哦，但可以让你发财。

下面是掘墓盗尸高手的独门秘技——

1. **不要**揭开整个棺材盖，那太麻烦，也太花时间——说不定你会给逮住。

2. 揭开棺材的上半部，砸破棺材盖。

3. 用绳子绕过尸体的手臂打一个结，把尸体拉上来。

4. 把他塞进手推车（或独轮车），朝医生的诊所狂奔吧。

你知道吗？

臭名昭著的路匪迪克·特平在英国约克郡被绞死，埋在城里的圣乔治墓地。有人把他挖了出来，埋到一个医生的花园里，等医生来切尸体。不过，还没等他动手，特平的朋友们又把尸体挖了出来，再次埋进了原来的墓地。这回，他们把生石灰倒在尸体上，让他面目全非。安息吧，迪克。

顶级叛徒秘技

本尼迪克特·阿诺德（1741—1801）原来是美国人的英雄，后来叛变，成了美国人最想捉拿的坏蛋。他们一度对他非常信任，可当两军交战时，本（本尼迪克特的昵称——译注）中途叛变，反而把美军的秘密情报泄露给英军。然后，他就开始为他新交的英国朋友们战斗。

早在他为美军抗击英军的时候，他分别在魁北克和萨拉托加被打伤了腿，而且是同一条腿，因此他不得不装了假肢。

独立运动领袖托马斯·杰斐逊恨不得马上把可恶的本捉回来，他要好好教训这个叛徒一顿。他说——

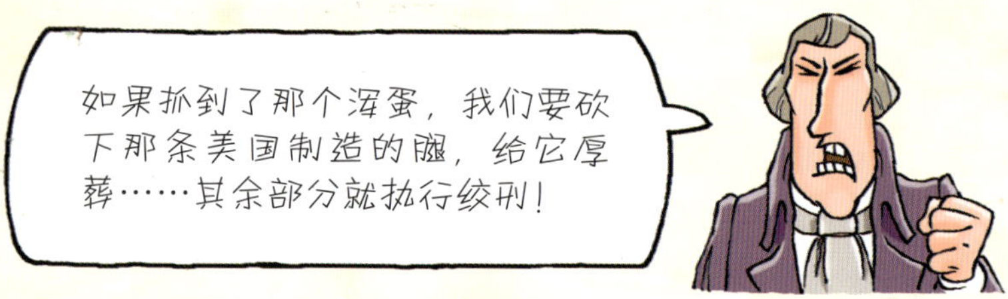

他们一直没能捉到可恶的本，他移居到了英国。他在哪儿都不怎么受欢迎，连英国人也没把他当回事，最后穷困潦倒而死……那条英雄的美国腿也随他去了。

赚钱秘技

来自贝德福德郡的爱德华·弗里牧师（1755—1843）可算得上生财有道，他把教堂屋顶上的铅和教堂墓地里的树弄去卖钱。他在教堂的走廊里养羊，阿牛阿猪在墓地里悠闲地散步——甚至还闯进正在举行的葬礼。

弗里牧师喜欢拿鞭子抽他的助手，结果在教堂里被人举着枪围攻。最后他逃到伦敦，没想到一辆马车上掉下个轮子，把他砸死了。

逃脱术

1838 年 1 月 9 日，《泰晤士报》登出了一篇吓人的文章：

“弹簧脚”杰克·斯特莱克斯

据说，有位先生跟一个朋友打赌，说他可以伪装成三种不同的形象——幽灵、熊和恶魔——去造访伦敦的居民住宅。

他会从花园进去，惊吓房子里的人。这个坏蛋已经把 7 位女士吓得魂不附体。

这家伙通常只挑女性下手，先用爪子撕扯她们的衣服，然后逃走。他会玩个小戏法，一边从口里喷出蓝色的火焰，一边冲上去袭击别人。不过，“弹簧脚”杰克最拿手的绝活还是穿着特制的靴子跳过栅栏和围墙逃跑，原来他在靴子的后跟里装了弹簧。

顶尖骗术第一招

19 世纪 40 年代，英国政府整天忙着寻找新的武器来打仗。塞缪尔 · 阿尔弗雷德 · 华纳（1794—1853）声称他有一种隐形炮弹，不用装火药。他炸飞了两艘小船来显示炮弹的威力，可是，谁都不允许去看他是怎么操作的。

现在你有幸看到他幕后准备了，看到了没？

然后华纳就开价了，说还要向海军展示一种“远程”炮弹——它能在几英里之外摧毁敌军要塞。政府付给了他 2000 英镑。

可惜，他们没能得到想要的效果！一个热气球装着“炸药”飞到目标上空，它本该按计划降落然后爆炸。

但是没有成功。热气球飞偏了好几英里。不过，政府还是一如既往地相信他，一直付了他 20 年的钱。

水瓶骗术

西大荒银行大盗布奇·卡西迪（真名：乔治·勒罗伊·帕克）1866 年出生在犹他州，20 岁之前都在干抢劫火车的勾当。

1889 年，卡西迪加入了汤姆·麦卡蒂一伙。在抢银行的时候，麦卡蒂举起一个小瓶子，说里面装了烈性炸药。

银行给了 2.1 万美元打发他走路。他带着现金走出银行，把小瓶子扔进废纸篓。那其实是一瓶子水。嘿嘿！

顶级美男秘技

乔治·约瑟夫·史密斯（1872—1915）杀害了7名妇女，她们都是在洗澡时被溺死的。首先，他会施展魅力，把她们的钱骗个精光。然后，他会说——

看病回来，史密斯就劝她们去洗澡。等她们泡进浴缸里，他就一只手放在她们头上，另一只手抓住脚踝。他拼命地把脚踝往上拉，同时用力按住她们的头。水猛一下涌进她们的肺里，很快就呛死了。然后，乔治又打电话给同一个医生。

等事情一过，史密斯马上改名换姓去寻找下一个猎物，屡屡得手。直到有一天，第二个受害人的爸爸在报纸上看到了第三个受害人的消息。“天哪！”他说，“我女儿也是这么死的！我应该去报警！”

禽兽史密斯终于落网，被执行了绞刑。他的错误是故技重施，想一招吃遍天下。

你知道吗？

审判史密斯的时候，警方演示了怎样把正在洗澡的妇女溺死！他们找了一名护士躺进浴缸，她差点真的呛死了。另外，史密斯的第三个受害人是在哪儿死的呢？原来是在一个英国城市——巴斯（英文名 Bath，意为“沐浴”——译注）！

顶尖骗术第二招

给别人承诺，说你会让他们发财；卖给他们一个绝妙的点子；想办法让他们给钱……然后带着钱和不可告人的秘密，从此人间蒸发。

亨利·福特创办的福特汽车公司让他腰缠万贯，可他觉得钱多不压身，还想赚得更多。一天，他收到一个陌生人的来信。

1916 年 4 月 22 日
纽约，法宁戴尔
尊敬的福特先生：

油价一直在疯涨。要是我告诉您，我能让汽车烧一种廉价的燃料——我能用水来驱动汽车，您会感兴趣吗？只用往 1 加仑水里加一点我的独特混合配方，开车就可以从此告别汽油了。把这种混合剂拿去出售，包您赚个盆满钵满。您只用付给我 100 万美元就行了。您先预付 10 万美元，至于余款，等您把混合剂卖到全世界的时候再说吧。您可是只赚不赔哦！

英瑞奇　教授
敬上

亨利·福特亲眼见到一辆车只加了一桶水就开跑了……当然，水里放了“神秘液体”。他付了1万美元，想买下配方。接着，英瑞奇又写了一封同样的信，寄给枪械制造商海勒姆·马克西姆。

马克西姆说，他肯出10万美元买下配方。英瑞奇把亨利·福特的钱退了回去，收下了马克西姆的钱。他把一个信封交给马克西姆，嘱咐说先不要打开，等他的通知。

一想到美国就要拥有如此便宜的燃料，连总统都激动不已。

可随后英瑞奇突然销声匿迹，从此不见踪影。马克西姆打开信封，发现里面全是白纸。

你知道吗？

没人知道英瑞奇是怎么用一桶水让汽车跑起来的，但他有可能发现了——把丙酮和液态乙炔的混合物掺进水里，就可以发动汽车……让它跑那么一会儿。不过，他会告诉你——

疯狂暴徒

恶棍们往往不只是心狠手辣，还经常歇斯底里……抢劫银行和入室行窃只不过是三脚猫的功夫，而历史上有些罪恶滔天的恶徒，他们给无数人带来了无尽的痛苦，真可谓罪行累累。其中有的人，发起疯来总是极度野蛮……

一、罗伯特·德·贝莱姆（1052—1130）

万恶的罗伯特是什罗普、阿伦德尔、什鲁斯伯里三个郡的伯爵——做人不能太贪心！在英国法律还不健全的年代，他曾是嚣张一时的诺曼男爵。他把抓来的俘虏从削尖的柱子顶端放下去——刺穿他们的身体——他喜欢要刺激，而不是要赎金。不过，连他的家人都有生命危险。一天，他的孩子们在玩捉迷藏的时候躲到了他的披风后面。罗伯特大发雷霆，后来有人说他把孩子们的眼睛都挤了出来。他还叫人把他的妻子用铁链锁起来，扔进了地牢。

二、“红毛人”（中世纪）

有些恶棍是不留名字的，人们只知道他们的绰号，其中最著名的当然要数“开膛手杰克”。

然而，另一些没有名字的凶徒也让我们的历史充满了噩梦。比方说，中世纪时期的“威尔士红毛人”就是其中的典型。如果当时有报纸报道的话，文章读起来可能是这种感觉：

北威尔士晚报

村民勇克红毛恶徒

妇女赢得血战

南瑞兰村的居民们终于能够放心入睡了。一个月以来，凶残可怕的红发怪人弄得整个村子人心惶惶。他趁天黑溜进村民的畜棚，偷走小鸡和小羊羔，甚至还有人看到他生吃这些小动物。

没人知道这个“红毛人”从哪里来，但有村民说他是北欧海盗的遗留分子。这帮强盗得手之后就驾船离开了，同伙们可能没发现他掉队了。他力大无比，村里的男子汉都不是对手，但一位巾帼英雄却打败了他！

莱安诺·塔弗住在南瑞兰山谷顶上的小屋里，家中只有她一个人照看孩子。人们警告过她，要提防那个凶暴的吞食者。可这位威尔士的神奇女侠却有勇有谋，她不但没有把自己锁起来，还小心地把厨房窗户留了一条缝——“红毛人”就喜欢这样的。

果然，他深夜来访，将一只巨大的爪子伸进了窗子……可谁知早有准备的莱安诺毫不手软，她举起利斧猛砍下去。手起斧落，就这么一下剁断了毛茸茸的手腕，疼得那怪物鬼哭狼嚎，狼狈逃窜。

天刚刚亮，村民们就跟着地上的血迹追到了瀑布后面的一个山洞里，但“红毛人”早已不见踪影。

英勇的莱安诺说：“我打算把这只手腌起来，留着以后给朋友们参观。不好意思，先失陪了，厨房地板上有点血，我得去擦一擦。”

她的邻居蒂格温·托马斯说：“她是个说一不二的人，她比我勇敢，我不得不佩服她。”

三、雅克·克莱门特，法国（1567—1589）

法国国王亨利三世凶残成性。1588年，他杀死了吉斯公爵。如何处理一个死公爵呢？国王把他切成一块块的，放到火里烧，最后把他的骨头碾成粉末，让灰烬迎风飘散。

可是，恶有恶报，时候已到。一个名叫雅克·克莱门特的修道士求见亨利三世，卫兵放他进去了。

毕竟，他只是个没什么威胁性的修道士……对吧？不，他其实是个疯子。

一走到亨利身边，雅克就拔出刀刺死了他。

国王的随从们一拥而上，乱刀将他砍死。

你知道吗？

即位的法国国王亨利四世（1553—1610）同样死在一个亡命的修道士手里。当时，亨利的马车在路上被堵住了，不要命的弗朗索瓦·拉瓦雅克修道士趁机跳上马车，将一把匕首刺进了国王的胸膛。

四、易卜拉辛一世，土耳其“疯子”（1616—1648）

易卜拉辛是个忌妒心很强的人。有人告密说，他的280个老婆里有一个人背着他找了男朋友，但他不知道是哪一个。那么，他怎么办呢？

a．他开始拔出她们的手指甲，每次拔一个，直到她们开口讲真话。

b．他说哪个老婆告诉他实情，就重赏万金。

c．很简单，他把她们全都溺死了——宁可错杀一千，决不放过一个。

答案：c. 易卜拉辛决定把 280 个老婆全都扔进博斯普鲁斯海峡（又称伊斯坦布尔海峡。它北连黑海，南通马尔马拉海和地中海，把土耳其分隔成亚洲和欧洲两部分——译注）。她们被捆起来装进袋子里，再绑上石头。有一个老婆侥幸逃脱了，因为她的袋子没有捆结实。一艘法国海船上的水手把她救了起来。最后，人们把坏事干尽的易卜拉辛锁进笼子里，一根绞索勒在脖子上，结束了他罪恶的一生。

五、亚历山大·皮尔斯，澳大利亚（死于 1823 年）

19 世纪，英国为了惩罚罪犯，把他们送到澳大利亚关押——这就是所谓的"流放"。（作为报复，澳大利亚人把歌坛天后凯莉·米洛送给了我们。）

1819 年，亚历山大·皮尔斯被流放到澳大利亚。他很爱惹是生非，不到 2 年时间就一共挨了 150 下鞭子。他受不了体罚，决定越狱。他的故事在整个历史上堪称耸人听闻……

我们把道尔顿给吃了（没搁盐）。
他的膀子挺香的。
嗯！屁股味道更好。
我们把他们一个个吃掉，到最后只剩我和格林希尔两个人了。
格林希尔——格林杀尔。
我加入了一伙不法分子，后来被抓了。
你又要回去蹲大牢了，罪名是偷羊！
他们搞不清楚我已经改吃人肉了。
1823 年，我实在太想尝尝人肉的味道了，就找了一个名叫考克斯的狱友，跟他讲怎么逃跑……
吃的东西不用你操心，我带了一大堆。呵呵！
玩命的时候到了吧！
噢，你说对了。
这回我没有挨饿，而且还算吃到了大鱼大肉。我吃了他，因为我就是想吃他。然后我就自首了。
你只留下了骨头架子和内脏！
还有这个死人头。我本来打算做眼泡冰激凌吃！

亚历山大·皮尔斯被绞死了。医生们肢解了他的尸体用来做实验。

他的脑袋被送到美国宾夕法尼亚大学博物馆，一直保存到现在。

皮尔斯杀人用的是斧子，这往往让过程变得既慢又残忍。一个名叫马瑟斯的人就惨到家了——他挨了一斧子，却没死。皮尔斯让他祷告了半个小时，然后结果了他。

他祷告的时候都说了些什么？“赐给我们日常饮食”？

六、费格斯·奥康纳（1796—1855）

有些罪犯完全是傻乎乎的。1840 年，一个叫费格斯·奥康纳的爱尔兰人决心暗杀维多利亚女王……可他连枪都没有。他试着用水壶做了一把枪，但打不响。后来他终于搞到了一把非常老旧的手枪，于是往里面塞满了火药——他没有真正的子弹，而是用烟草凑合着捆扎起来！等女王的马车从人群前面经过时，费格斯走出来朝她开了几枪。

这次毫无意义的行动只有一个后果：他被流放到澳大利亚关了 7 年。得，何苦呢，费格斯老兄？

你知道吗？

詹姆斯·亚历山大（生于 1700 年）是个手下不留情的恶棍。一个做工的人把他揪上法庭，说詹姆斯往他的帽子里撒尿。法庭释放了詹姆斯，但勒令他赔给别人一顶新（干的）帽子。真是个精神错乱的“傻帽”！

邪门恶棍小贴士之五：

配首老掉牙的诗

想让你的罪行千古留名吗？找人给你写首诗吧。那些视法律如儿戏的姑娘小伙儿们，他们就是这样被美化的。

一、罗宾汉（约 1200 年）

据记载，有个人住在英格兰的韦克菲尔德，他的名字大概是“罗宾汉”之类的。如果你想看看真正的“罗宾汉”的住处，那就去韦克菲尔德车站——他的房子就在车站下面的什么地方……也许吧。

传说罗宾一直效忠他的国王爱德华二世。国王被推翻后，他躲进了巴恩斯代尔森林。从此就有了数不清的故事来传颂这个无法无天的“英雄”。不过，如果你知道他是怎么死的，就会警醒自己“别相信任何人”。

在森林里住了很久，罗宾一天天变老，身体也越来越糟糕了，他只好向亲戚求助。于是他去找表妹伊丽莎白·斯坦顿——她是个不安分的修女。

罗宾汉的传说一开始都是写成诗歌的，用的是古英语，很难读懂。这里有一个新版本——

罗宾垂垂老矣，两鬓斑白，
人们说：强抢豪夺，腰缠万贯的日子一去不再回来。
他说：我早已力不从心……
只因多年隐居于森林……
……我年老体弱，不宜久留！

我要去骚扰科克利斯修道院，
我的表亲在那里主持一切。
贝丝（伊丽莎白的昵称）是院里的最高修女，
她会让我餐餐有肉，顿顿有鱼……
……再来一杯清茶，不亦乐乎。

罗宾有个头号仇敌，
人们叫他老唐克斯·李的罗杰。
罗宾不知此人心怀恨意，
亲爱的贝丝与他竟一团和气……
……她早已对他心生爱意。

罗宾推开修道院的门，迎接他的是贝丝院长，
她说：躺下吧，罗宾，这就是你的床。
亲爱的罗宾，一事让我很为难，
你罪恶滔天，身体里充满了“坏血”……
……我们要让它流淌。

这个狡猾的修女使了个诡计，
她用刀划开小口，说不必在意。
罗宾心想，放一点血能给身体解毒，
殊不知她让罗宾血流如注……
……一命呜呼。

罗宾死在血泊之中，
据说，穷人们无比悲痛。
千万提防贝丝院长，切莫听信修女的鬼话，
她们一门心思要送你到九泉之下……
……再往下。

你知道吗？

罗宾最器重的随从是小约翰。但很少有人知道，小约翰过去为诺丁汉郡长效过力——他可是罗宾的死对头。后来有一天，伺候小约翰的仆人手脚有点慢——小约翰拂袖而去，加入了罗宾一伙。伊丽莎白杀死罗宾后，是小约翰亲手埋了他。

二、爱丽丝·霍尔特（17 世纪）

爱丽丝·霍尔特用砒霜毒死了她的妈妈。有一首那个年代的诗描述了这个故事——

毒药的故事我们很少听到，这样的故事令人心碎，
惨剧发生在柴郡的斯托克波特，可怖的感觉谁能体会。
亲生女儿端来毒酒，
母亲玛丽·贝利命已不久。
爱丽丝决心将母亲送进地狱，这个秘密现在无人不晓，
把砒霜倒进她的啤酒，可怜的母亲浑然不晓。
可怜的母亲不会白死，谁种下苦果谁自己尝，
切斯特的绞刑台让凶手的灵魂上不了天堂。
年轻女子们当引以为戒，事关重大岂可儿戏，
杀母的恶女走上绞刑架，咽下她最后一口气。

罪孽啊……反对诗歌！

三、尤金·阿拉姆（1704—1759）

尤金是贼，是杀人犯，也是老师。

尤金住在约克郡的纳尔斯波罗。1745 年，他抢劫了一个鞋匠，还杀人灭口。

14 年后，人们在山洞里发现了一具骨骸，大家都觉得那就是被杀死的鞋匠。其实不是！尤金老师被抓起来判了绞刑。

他的尸体被戴着镣铐吊在纳尔斯波罗附近的某个地方，等着烂掉。后来，尤金的骨头慢慢脱落，从笼子里掉了出来，他的妻子就把它们捡起来埋进了土里。

等他的头也落下来，人们就把它送到伦敦的一家博物馆……直到今天还躺在那儿。

本来人们很快就会忘了杀人犯尤金，可偏偏有人把他的故事改写成了一首诗广为流传，却又血腥味十足。你想在老师面前表现一下吗？那就背几句大逆不道的诗吧……

四、威廉·伯克（1792—1829）和威廉·海尔（1790—1859）

在爱丁堡，伯克和海尔靠卖尸体发了大财。可就连儿歌里也可以听到他们的罪行……

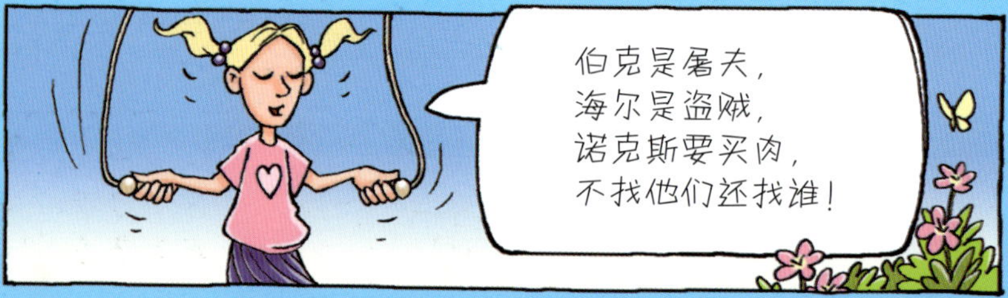

像诺克斯这样的医生会出 8—14 英镑不等，找伯克和海尔买新鲜的尸体。医生们从不过问尸体是哪儿来的，而伯克和海尔其实在不断地谋杀他们公寓里的租户。他们趁别人熟睡的时候溜进房里，拿一块涂了焦油的布捂住受害人的鼻子和嘴，直到那人呛死为止。

警察抓住了他俩，并且和海尔做了个交易……

海尔出卖了伯克，伯克被执行了绞刑。海尔隐姓埋名，搬到了英国的卡莱尔。

后来有人认出了海尔，结果一群流氓就上去围攻他。他们朝他脸上扔石灰，弄瞎了他的眼睛。海尔死于 1859 年，死的时候身无分文。记住，不要相信和你一起作奸犯科的同伙。

五、玛丽·安·科顿（1830—1873）

惰情主妇玛丽住在英国的达累姆郡，她杀死了15个亲生孩子和3任丈夫。她在茶壶里放了砒霜，然后倒茶给孩子们喝。

他们死得极其缓慢，也极其痛苦。

她本来想把最后一个孩子送去救济院，但别人不肯收。于是玛丽说——

一个星期之后，这个小男孩就死了。警察逮捕了玛丽，她被判了绞刑。100年以后，达累姆的孩子们还在唱这首跳绳歌：

黑香肠？肿胀的血管……活像被吊死的女人的腿。恶心的歌唱给恶心的女人听。

六、艾米莉亚·黛尔（死于 1896 年）

在维多利亚时代，没人要的婴儿会被送到一个“宝宝托管人”那里。你付给这个妇女 5 英镑或者 10 英镑，她就帮你照看婴儿，直到她为孩子找到新家，不过这可没准头。

艾米莉亚 · 黛尔就是干这个的，但她收了钱之后就杀掉孩子。

1895 年她搬到雷丁，就在当地报纸上打了一则小广告，说她愿意照看小孩。同年 3 月，一个船员从泰晤士河里捞出一具婴儿的尸体。

尸体装在一个包裹里——但包裹用的纸上却写着“黛尔夫人收”的字样，所以她的名字和地址全曝光了！要找到她的下落，根本用不着福尔摩斯出马。但是，到黛尔夫人被捕的时候，人们已经又发现了 6 具小孩的尸体。

1896 年 6 月，她被处以绞刑。没人知道她到底杀了多少个孩子，可有一点很清楚——到被捕的那天为止，她干“宝宝托管”这行已经 15 年了。

和许多恶毒的女人一样，也有人给她写歌——写她被绞死，写她在地狱里吃尽苦头。

跟着唱吧……

老保姆

老保姆已经被处决
早就到了她的死期
她是个彻头彻尾的坏人
这点毫无争议
任谁也不会提
她干的半点好事

黛尔太太啊
那个卑鄙的老保姆
在老贝利街的法庭上
她得到了应有的下场
很久以前的那天
我们生起了大火
把那个缺德的老家伙
狠狠地烤了一烤！

灵魂穿过绞架的活门
正逐渐远离她的躯壳
那些弱小的受害人
重新在她眼前浮现
死亡的丧钟敲响
她应该听得见
绳索绕过她的脖子
一切就这样结束

七、逍遥法外的莉齐（1860—1927）

莉齐·博登是19世纪美国最著名的凶手。在莉齐32岁的时候，她被指控用斧头砍死了父亲和继母。

所有的证据都指向她——可她竟然被无罪释放了。她的故事被改编成了音乐剧、芭蕾舞剧和电影，不过最有名的还是这首儿歌！

八、邦妮·帕克（1910—1934）

邦妮·帕克和搭档克莱德·巴罗不但抢劫银行，还杀了12个人，只因为那些人挡了他们的路。

邦妮知道好日子就快到头了，于是给自己写了一首丧诗。她是这么写的：

她写完之后没多久，这对雌雄大盗就被击毙了。不过，他们并没有被“肩并着肩埋葬”。

两个孤单的鬼魂。

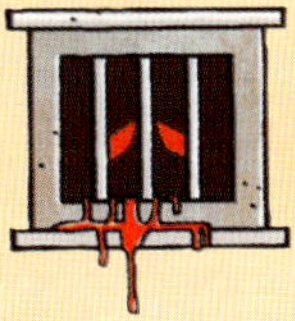

恶有恶报

我早就警告过你这个坏消息：有些恶棍的下场非常凄惨。那么，当你成为恶棍，你打算怎么死呢？你有很多选择，从致命宝座到酒桶……

一、西古尔德一世，奥克尼郡（死于 892 年）

北欧海盗西古尔德是个骗子！他征服了奥克尼郡，把它治理得有模有样。可是，他随后就出兵与苏格兰为敌。

他对劲敌马尔布里格特说——

西古尔德带领 40 匹马出现在战场上……不过每匹马的背上坐着两个人[①]！不用说，北欧海盗打赢了这一仗。他砍下马尔布里格特的脑袋，把它系在马鞍上班师回城。可是，马尔布里格特长了一口龅牙，其中一颗牙齿擦破了西古尔德的腿。这个口子后来受到了感染，最终让他死于败血症。

不是别的什么，就是那颗牙齿——战无不胜的枭雄居然栽在一颗牙齿上。

---

① 数学只过了关键阶段 0（比如我）的学生可以这样想：那是 80 个北欧海盗对阵 40 个苏格兰士兵；数学过了关键阶段 1 的学生可以算出来：海盗的人数比苏格兰人多出了一倍。

二、匈牙利至高王子阿尔莫斯（死于 896 年）

这个位高权重的王子在欧洲横扫千军，无数人成为他的手下败将。然而，有人对他说——

那里的彼切尼克人有个习惯——拿敌人的头当酒杯。这算是个提示吧，明智的人都知道应该离潘诺尼亚越远越好。

可阿尔莫斯还是踏上了潘诺尼亚的土地……这些恶棍怎么就是学不乖呢？他一败涂地，惨遭“四马分尸”，当了别人的祭品。他们是这么干的……

图 1　先牵 4 匹马过来，再准备 4 条绳子。

图 2　把绳子的一头绑在马身上，另一头绑在恶棍的手腕或脚踝上。

图 3　让马受惊，这样它们就会向不同的方向拼命奔跑。

图 4　把残肢一块块捡起来，摆出来展览。

你得到了什么？ 5 块血淋淋的恶棍残肢。

三、匈牙利的贝拉（死于 1063 年）

贝拉和他的哥哥安德拉斯一起参军。安德拉斯企图临阵脱逃，结果被处死。贝拉却把握住机会，登上了匈牙利王位。不过，他也和很多人结了怨。他坐上匈牙利的最高宝座，宝座上面悬着精美的华盖。

只听啪的一声，华盖塌了下来，砸死了贝拉。原来，有个狡猾的刺客锯穿了支撑华盖的柱子。

四、克拉伦斯公爵（死于 1478 年）

残暴的克拉伦斯公爵觊觎英格兰的王位，他弟弟理查德却是个眼中钉。克拉伦斯准备暗算理查德，但卑鄙的理查德发现了他的阴谋。

据说理查德把克拉伦斯淹死在酒桶里，还有人说他很“客气”地让克拉伦斯自己选择死法……

也有人认为根本没有溺死一说，那只是个故事。很多年后人们挖出了一具无头尸体，那可能就是克拉伦斯，死得还算高贵……这又何尝不可（“何尝不可”（why not）的发音同“不是酒”（wine not）相近——译注）？

五、佩德罗·德·瓦尔迪维亚（约1500—1554）

为了窃取黄金，西班牙征服者们把秘鲁土著人打得满地找牙。后来，秘鲁勇士们抓住了佩德罗，他们给了他一锅黄金——熔成水的滚烫的黄金。

他们把金水灌进他的喉咙，（用印加语）对他说——

当然，这个故事设计得太巧妙了，令人难以置信。另外有记载说，佩德罗·德·瓦尔迪维亚……

- 被打死了。
- 被一个木桩刺穿了身体。
- 心被挖出来吃掉了。

六、法国亨利二世（1519—1559）

亨利信奉天主教，他和邻国的奥地利人一样痛恨新教徒。他对新教徒狠下毒手，把他们活活烧死。如果他们胆敢念新教的祷告词，舌头就会被割掉。就算你不是新教徒，只要他觉得你是，他就会把你关起来坐一辈子牢。

亨利喜欢玩骑士比武……你应该见过吧，两边的人拿着长矛冲向对方。

可是，亨利毕竟是国王……他不能戴普通的铁制头盔，绝对不行！他的头盔必须用黄金面颊来护住脸。不过，金子是软的（就像他的脑袋）。

一个对手的长矛尖刺穿了柔软的黄金面颊，直穿他的眼睛，连耳朵都顶了出来。漫长而痛苦的10天后，他终于断气了。

七、杰瑞·阿伯肖（1773—1795）

恶棍不搞笑，不如回家睡大觉……即使在最倒霉的时候，也要有一颗娱乐的心。

拦路抢匪杰瑞·阿伯肖罪大恶极，法官判了他死刑。他尽情享受了生命中的最后几个星期……

- 向恶棍宣判死刑的时候，法官会戴上黑色的帽子，然后宣读下面的死亡判决：

为了显示自己满不在乎，在法官宣判的时候，杰瑞也戴上了一顶黑帽子。他回应道——

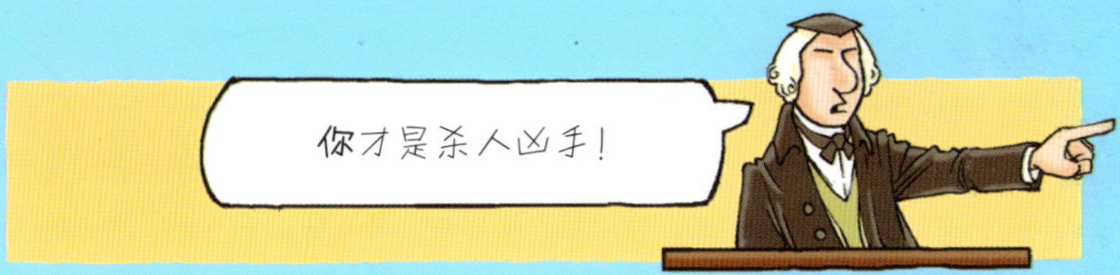

- 在杰瑞等待死刑的时候，有人送给他一碗樱桃。他把樱桃汁挤出来涂在牢房的墙上，画出了他作案的场景。

- 他被带到监狱的围墙外面，身穿一件白色开领衬衫，嘴里还叼着一朵花。他不停地和前来看他升天的人们开着玩笑。
- 他做的最后一件事是蹬掉了脚上的靴子。

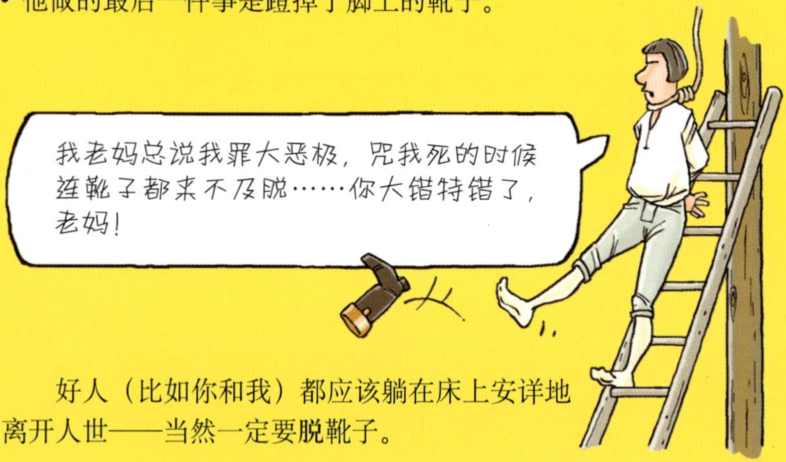

好人（比如你和我）都应该躺在床上安详地离开人世——当然一定要**脱**靴子。

八、康斯坦丁·汉格利，瓦拉几亚王子（死于 1799 年）

阿康是农民的噩梦。如果他们不交税，就只有死路一条。

但人上有人啊。

1799 年他屡战屡败，这令他的主人苏丹塞利姆三世很不高兴。于是塞利姆派刺客去暗杀阿康。这个刺客……

- 先把他勒死，
- 又朝他的胸口开了两枪，
- 再拿刀一阵乱捅，
- 最后砍掉了他的脑袋。

九、丹·摩根（1830—1865）

这个澳大利亚罪犯有很多名字，比如约翰·史密斯、悉尼·比尔、丹·欧文、“顺流而下的杰克”、“本土人比尔”等等。他袭击路人，把他们揍个半死，然后假惺惺地抽泣着说：“原谅我吧！对不起！”这就算完事了。

他走进皮切尔巴的一家小酒馆，把所有人劫为人质。可是，一个女服务员溜了出来报了警。当摩根挟持着人质走出来的时候，警察打中了他的背，他 6 个小时后死掉了。

他的尸体被运到旺加拉塔，随后发生了一件怪事。有人把他的尸体撑起来，摆在马厩里示众。他睁着双眼，手里拿着自己的一把手枪。不少人围过来拍照，还有人割下他的一小撮头发当纪念品。

警察制止了这一切，可接下来发生的事却更糟。摩根的头被砍了下来送到墨尔本，而他“没头没脑”的身体被埋在了旺加拉塔公墓。

十、格里高利 · 拉斯普廷（1869—1916）

妖僧拉斯普廷与俄国皇室的关系非同一般，他利用手中的权力捞到了不少好处，还和皇后、公主关系暧昧。

俄国的贵族对他恨之入骨，后来费利克斯 · 尤苏波夫亲王设计除掉了他。费利克斯后来说——

不过，费利克斯每次讲这个故事，内容都不同。真相可能和他讲的都不一样。其实，妖僧的尸体中没有毒药，也没有溺水的迹象。他的脑袋里有一颗子弹，这才是他的死因。

尾 声

世界上的恶棍千奇百怪，嘴脸各异：小到校园霸王——为了抢一袋糖他们会打掉你的牙，大到帝王将相——他们一声令下，无数人就要遭殃。到现在，你大概弄清楚了有些恶棍是怎样炼成的，可是你想以他们为榜样吗？如果你也心痒痒，想搞点破坏、杀点人，那么记住一点：这可不是普通的游戏，不是闹着玩的！

有的恶棍到最后也能逍遥快活。亨利·摩根船长（1635—1688）是威尔士的海军上校，后来干起了海盗的行当。经过了多年的烧杀抢掠，他决定安顿下来。英王查理二世封他为“亨利爵士”，还派他去统治牙买加。多么美满的结局啊……当然，他最后死得很难看，因为他喝朗姆酒喝过头了，不过世界上明显有更多更惨的死法……

大多数恶棍都给这个世界造成了难以愈合的创伤，最终只留下了无尽的痛苦和死亡……同样，他们的下场也只有痛苦和死亡。

恶棍们的下场是——

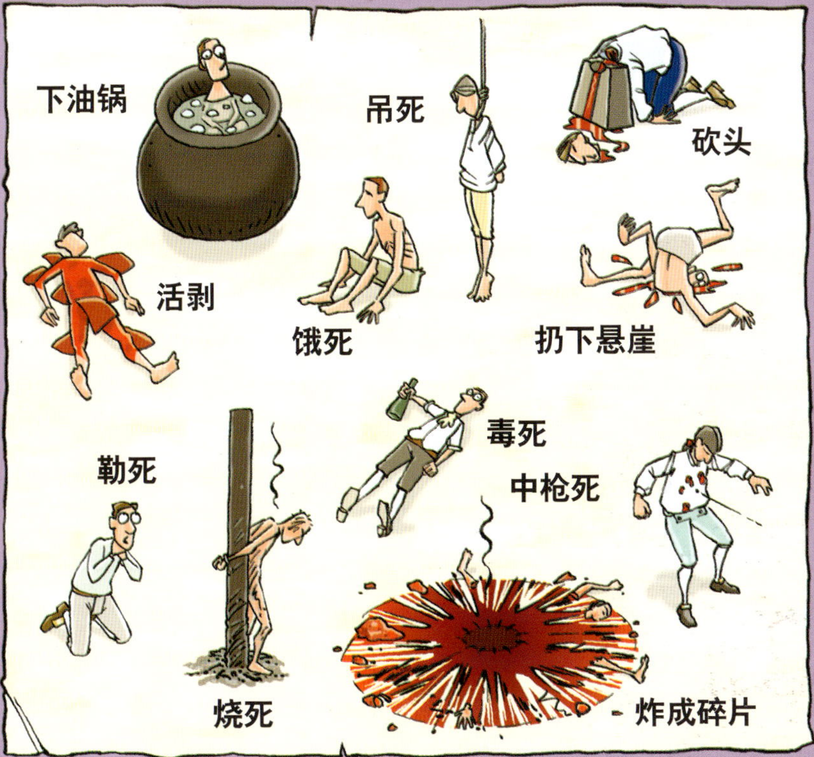

在你春风得意的时候，干坏事当然好玩……但你的仇家越来越多，最后他们会让你过把瘾就死。

可怕的笔记

可怕的科学

另类历史

可怕的笔记

可怕的科学

另类历史

可怕的笔记

可怕的科学

另类历史

可怕的笔记

可怕的科学

另类历史

可怕的笔记

可怕的科学

另类历史

可怕的笔记

可怕的科学
另类历史
可怕的笔记

可怕的科学

另类历史

可怕的笔记